DU MARIAGE

D'ISABELLE D'ESPAGNE,

PAR L'AUTEUR

DES DROITS DIRECTS ET ÉVENTUELS DES BOURBONS
D'ESPAGNE, DE NAPLES ET DE PARME.

Août 1843.

PARIS.

CHEZ DENTU, LIBRAIRE,
PALAIS-ROYAL.

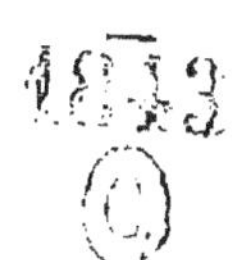

DU MARIAGE

D'ISABELLE D'ESPAGNE.

A PEINE la chûte d'Espartero était-elle prévue ou même seulement devenue possible par suite des intrigues dont il a été entouré, et surtout grâce à son incroyable entêtement, que l'on a mis au grand jour le projet, dès longtemps préparé, de marier au duc d'Aumale la jeune princesse qui n'a pas encore accompli sa treizième année. Une brochure anonyme (1) vient d'être lancée dans le public pour dire de quel avantage cette union serait à la France, et pour la présenter comme devant avoir l'assentiment de l'Europe. Les journaux de Paris font grand bruit de cette œuvre; cependant, elle a bien peu de mérite et ne contient que quelques pages; il est difficile de croire qu'elle ait pour auteur, comme on le prétend, M. Mignet ou M. de Billing. M. Mignet est, comme chacun sait, l'ami particulier de M. Thiers, et à peu près

(1) *L'Espagne au point de vue du mariage d'Isabelle*

l'abréviateur de son *Histoire de la révolution française;* membre de l'Institut, conseiller-d'état et garde des archives des affaires étrangères, il a puisé en homme habile dans ce vaste et riche dépôt, et a publié déjà quatre volumes in-4º sur les négociations qui ont placé sur le trône d'Espagne un rameau de la branche aînée des Bourbons. M. de Billing, qui suit la carrière de la diplomatie, est le traducteur et annotateur d'un ouvrage allemand du docteur H. Zopfl, dont le but est de prouver la validité des actes par lesquels Ferdinand VII a prétendu abolir la pragmatique de 1715 et mettre ainsi la couronne d'Espagne sur la tête de sa fille Isabelle.

Quand l'ouvrage du docteur Zopfl parut (1840), nous nous hâtâmes de le réfuter. La deuxième partie de l'opuscule : *Des droits directs et éventuels des Bourbons d'Espagne, de Naples et de Parme,* est presque tout entière consacrée à cette réfutation, et nous croyons qu'elle a été complète. La brochure d'aujourd'hui est cent fois plus faible encore que celle de M. Zopfl dans ses argumens ; ils ne peuvent résister au moindre examen.

Et, en effet, tout le plan de l'auteur consiste à établir que les difficultés opposées par l'Europe, en 1700 et années suivantes, à l'avènement du duc d'Anjou (Philippe V) au trône d'Espagne, ne provenaient point d'un désir de répulsion de la maison de Bourbon, mais de la crainte que les deux couronnes, si elles venaient à se réunir sur une seule tête, ne formassent une puissance capable d'asservir l'Europe; il ajoute qu'aujourd'hui, par le traité d'Utrecht, cette réunion est devenue impossible, et il en conclut que l'Europe ne peut point avoir d'intérêt et n'a pas même l'intention de s'opposer au mariage d'un prince français avec Isabelle.

Mais vraiment, était-ce bien la peine de prendre la

plume, pour dire que ce n'est pas par sentiment de désaffection , mais par intérêt et par crainte de l'avenir que l'Europe, et principalement l'Autriche et l'Angleterre, ont soutenu la longue guerre de la succession? Est-ce donc que la politique et la diplomatie se laissent conduire par les passions du cœur? Peut-être, si cela était, il y aurait lieu d'espérer pour le mariage du duc d'Aumale le concours de l'Europe jalouse , car il n'est aucun mariage qui puisse davantage perpétuer les troubles et les guerres en Espagne et, par là, causer à la France plus de dommage.

Le peuple espagnol vient de secouer le joug de l'Angleterre; mais, comme en 1812, il accepterait son secours pour défendre sa nationalité et plutôt que de la perdre ! Son admirable respect pour l'institution royale a pu lui faire accepter de son roi expirant Isabelle pour reine, d'autant plus qu'on lui présentait cette révolution comme un retour aux anciennes lois d'hérédité d'une partie de l'Espagne. Mais au moment de voir par un mariage une famille étrangère, un peuple étranger, prendre l'autorité, les sentimens de nationalité se réveillent ! Certes , l'Espagne l'a montré par sa longue persévérance à lutter contre Philippe V , bien que ce prince fût le représentant de sa grand'mère , l'infante Marie - Thérèse , et eût reçu d'elle et de sa bisaïeule , l'infante Anne , épouse de Louis XIII, beaucoup de sang espagnol.

L'Autriche alors se prétendit des droits à cause des renonciations qu'avait faites Marie-Thérèse en épousant Louis XIV ; mais ce n'était qu'un prétexte : elle connaissait la nullité de ces actes ; Philippe IV lui-même les avait , en les signant , traités de fadaises (*patarata*) , parce que les renonciations des princes , simples usufruitiers de leurs couronnes, ne peuvent jamais avoir quelque valeur au préjudice de ceux de leurs descendans que la loi de l'état a déclarés leurs successeurs. Le vrai motif de l'Autriche était de conserver son influence en Espagne.

Mais l'intérêt de l'Angleterre était d'une bien autre importance ! Elle voyait sa puissance maritime menacée par la réunion des deux marines de France et d'Espagne, et elle présida avec grand soin aux négociations qui ont amené le traité d'Utrecht. Or, ce même intérêt existe pour elle aujourd'hui, et conséquemment l'Espagne est toujours sûre, quand elle réclamera le secours de l'Angleterre, de trouver en elle une alliée contre la France.

L'Angleterre a, de plus, aujourd'hui, un autre motif puissant d'aider l'Espagne : c'est de saisir l'occasion de verser dans ce pays une partie des produits industriels qui encombrent ses magasins.

Mais là se trouve en même temps le contre-poids du désir que l'Espagne pourrait avoir de recourir à l'Angleterre, et même un motif de refuser son secours ; et c'est aussi un motif pour elle de redouter le mariage du duc d'Aumale, parce qu'elle sait combien chèrement la France de juillet achète ses alliances; elle sait bien que la France n'hésiterait pas à payer le consentement indispensable de l'Angleterre par un traité qui inonderait l'Espagne de produits anglais. Nous avons l'expérience , nous , de ce que coûtent à la France ses alliés depuis treize ans : les ministres ont été forcés de nous faire leurs confidences à ce sujet. Ils ont avoué, à l'occasion des 25 millions américains, qu'ils avaient acheté des alliances à tout prix; et il est notoire que notre commerce a été perdu en Espagne , durant les treize années écoulées , surtout depuis 1834, grâce à la prospérité que le commerce anglais avait prise en Espagne, et que le mariage du duc d'Aumale lui assurerait.

Et d'après cela, l'auteur de la brochure que nous avons signalée a beau jeu de nous parler de l'avantage que la France trouverait à ce mariage ! il a beau jeu de comparer l'époque actuelle à la grande époque où un Bourbon fut appelé par son droit au trône d'Espagne, la France étant à l'apogée de sa puissance ! il a beau jeu de comparer la France d'aujourd'hui, achetant ses alliés, à cette France de Louis XIV qui dominait tout par sa puissance, sa gloire, sa fierté ! La France d'alors, après avoir cédé librement aux convenances de la diplomatie en consentant à laisser la couronne d'Espagne au petit-fils de son roi, au lieu de la mettre sur la tête de son roi lui-même, comme c'était son droit, pouvait braver l'Europe entière ; elle pouvait, fidèle à la justice, adresser, sans crainte, par la bouche de ce grand roi, au chef de la nouvelle dynastie, ces belles paroles : « Allez ! n'oubliez jamais ce que vous devez à vos peuples et à la France !... » A vos peuples d'abord ! car la justice doit d'abord être écoutée, et c'est à son peuple qu'un roi doit avant tout sa vie et son amour. Il y a toujours devoir à remplir les conditions de son élévation, et lorsqu'un prince arrive au trône par son droit, la loi d'hérédité qui l'appelle l'avertit elle-même que c'est pour le bonheur du peuple qu'elle l'institue.

C'est dans un tout autre but souvent que sont appelés à régner ceux qui sont en dehors du droit ! et au lieu de critiquer, comme on l'a fait, les dernières recommandations de Bonaparte à l'enfant qu'il faisait grand-duc de Berg, (1) il faudrait bien plutôt louer sa franchise d'avoir dit en parodiant fastueusement Louis XIV : « N'oubliez jamais ce que vous devez à *moi*, à la France et à vos sujets. » C'était dans un intérêt purement dynastique, en effet, que Bonaparte créait cette sorte de royauté inférieure.

N'a-t-on point la même pensée aujourd'hui ?

Le cabinet français, s'il avait en vue l'intérêt seul de la France, remarquerait que l'Espagne ne peut être

____

(1) Le fils de Louis Bonaparte et d'Hortense Beauharnais, mort peu de temps après en bas-âge.

une alliée utile à la France que lorsqu'elle est puis-
sante, c'est-à-dire tranquille, et lorsqu'elle lui est affec-
tionnée par son esprit public. Or, quelle affection les
Espagnols peuvent-ils avoir pour le duc d'Aumale
personnellement ? quelle affection peuvent-ils avoir
pour la France, quand les uns l'accusent d'avoir aidé à
l'expulsion de Charles V, et les autres à l'expulsion d'Espartero ? L'intérêt de la France exige absolument qu'on
établisse en Espagne le prince le plus capable d'y faire
renaître la tranquillité, et, pour s'attacher l'Espagne, il
faut se donner ainsi des droits à sa reconnaissance.

L'Espagne, telle qu'elle est, ne doit pas être comparée à
l'Angleterre dont le trône est occupé par une reine cou-
ronnée sans la moindre opposition, reconnue de toutes les
puissances, régnant tranquillement sur son peuple et en
paix avec toute l'Europe. Le choix d'un époux était à peu
près sans importance pour ce royaume ; disons mieux :
ce qu'il importait le plus à l'Angleterre c'était que ce
choix tombât sur un prince sans états et sans puissance,
même par sa famille, afin de n'avoir aucune influence à
redouter, afin que la maison étrangère introduite dans
le royaume n'eût point d'intérêt particulier au-dehors.
On sait combien de jalousies et d'embarras a causé à
l'Angleterre le petit royaume (ou électorat) de Hanovre,
aujourd'hui séparé d'elle de nouveau.

Sans doute, dans un état aussi cruellement déchiré que
l'Espagne l'est aujourd'hui, il est difficile de satisfaire
tous les partis à la fois ; mais du moins faut-il consulter le
plus nombreux et consulter aussi les véritables principes
constitutifs, parce qu'ils survivent toujours aux passions
que le temps détruit, et dont une sage conduite adoucit
la fureur et abrège l'existence. Les malheurs (et certes
l'Espagne en est abreuvée !) conduisent à la réflexion, et
il n'y a aucune réflexion qui ne retrace à la pensée combien offre de durée et de stabilité l'empire du droit. Pour

les plus acharnés, l'opposition au mariage d'Isabelle avec
son cousin le prince des Asturies ne peut être rien de plus
qu'une question passagère d'amour-propre; les enfans qui
naîtraient de ce mariage réuniraient nécessairement en eux
tous les droits et toutes les prétentions ; plus aucun sujet
de troubles ne pourrait s'élever sur ce point, et la tranquillité intérieure renaîtrait pour des siècles. N'est-ce
rien que cet avenir ? et peut-il y avoir, pour un peuple
usé par dix ans d'une guerre intestine, ruiné par les révolutionnaires qui ont dévoré ses trésors et même ses res-
sources; ruiné dans son commerce par ses alliés; menacé,
si une maison étrangère lui est imposée, d'une éternelle
discorde, peut-il y avoir, disons-nous, rien de plus
séduisant que la certitude d'un long avenir de paix
et d'une entière indépendance de toute puissance étrangère?

Cette indépendance convient spécialement à l'Espagne qui, par sa situation géographique et la richesse
de son sol, peut s'isoler des nations sans cesser d'être
une grande nation; elle n'a besoin ni d'appeler les
produits des autres peuples, ni de porter chez eux ses
produits ; elle peut tenir la guerre éloignée de ses provinces; et ses provinces, heureuses et jalouses de leurs coutumes particulières, de leurs droits particuliers, ne peuvent avoir à redouter l'horrible tyrannie de la centralisa-
tion que par l'adoption des systèmes révolutionnaires, ennemis constans des libertés municipales et provinciales.

Or, sous ce rapport encore, de qui les Espagnols doivent-ils
attendre le respect pour leurs vieilles libertés, sinon d'un
prince qui en est imbu ? et croit-on que l'éducation française, que vante la brochure dont nous avons entrepris la
réfutation, soit bien propre à rassurer l'Espagne contre la
crainte de se les voir enlever? Est-ce dans nos cours de
droit administratif, si M. le duc d'Aumale les a suivis,

que ce prince aura appris à respecter les *fueros* des glorieuses provinces où Charles V est si aimé et s'est vu naguères si puissant, les priviléges de la Catalogne si énergique à les défendre, la fierté aragonaise avec son *sinon non !* si célèbre? Aura-t-il puisé en France un sincère respect pour les *antiques droits*, quand il entend dire tous les jours que la France n'est devenue glorieuse, grande, riche... et heureuse que depuis que ses états provinciaux ont été supprimés; depuis qu'on a enlevé aux provinces les priviléges que leur accordaient leurs traités d'union à la France ; depuis, enfin, qu'on les a toutes soumises à une loi commune.

Non: les mœurs administratives de la France d'aujourd'hui sont antipathiques à l'Espagne. Ce royaume est demeuré une sorte de confédération de royaumes ; on ne pourrait, sans une révolution semblable à celle que nous avons éprouvée, lui imposer l'homogénéité de notre administration qui , avec quelques avantages sans doute, rend trop souvent la loi tyrannique par une mauvaise interprétation , et surtout par une mauvaise application ; et il y aurait danger pour l'Espagne de placer auprès de son trône un prince imbu de nos idées gouvernementales. Encore qu'il y dût être sans autorité, il y fomenterait , même involontairement , les idées françaises , et il faut qu'une nation conserve ses idées nationales, son caractère national : elle n'est jamais grande que par là.

Certes , ce n'est pas quand le peuple espagnol a , contre le gouvernement de juillet , autant et de si graves sujets de plainte , et quand il n'y a pas un seul Espagnol , de quelque parti qu'il soit , qui n'ait été individuellement blessé dans ses opinions par le gouvernement de juillet , qu'on devrait s'attendre à voir invoquer l'esprit de confraternité qui a dicté le traité de

1764, en lui donnant le titre respectable de *pacte de famille*. Nous nous étonnons bien de l'appui que prétend y trouver l'auteur de la brochure dynastique ; nous nous étonnons bien qu'il ose mentionner l'analyse de ce traité, et d'y lire textuellement ces mots : « L'article 20 assure la protection des trois cou-» ronnes (de France, d'Espagne et de Naples) à tout » prince issu des trois maisons royales. » Ce traité, qu'est-il donc devenu ? Les cabinets d'Espagne et de Naples, comment ont-ils rempli envers la France cette condition du traité ? Le cabinet de juillet comment l'a-t-il remplie lui-même envers l'Espagne ? ce traité a été signé sous l'empire de la pragmatique de 1713, qui assurait à Charles V l'héritage de Ferdinand VII (héritage qu'il aurait dû recueillir dès 1808, époque de l'abdication de Ferdinand), et au lieu de soutenir Charles V, le gouvernement de juillet le retient prisonnier à Bourges. (1)

Et qu'on ne dise pas que, la pragmatique étant détruite, la protection promise en 1761 par la France, s'applique aujourd'hui à Isabelle ! car il y aurait deux réponses à faire au lieu d'une : la première, que le duc d'Orléans

______

(1) Charles IV, cédant à la révolte dont son fils don Ferdinand était l'âme, abdiqua en mai 1808 ; mais bientôt ce jeune prince, joué par le général Savary que Bonaparte lui avait envoyé, fut entraîné peu à peu, et comme de relais en relais, jusqu'à Bayonne, où Bonaparte l'attendait. Là, il abdiqua ; son père, déjà détrôné par lui, déjà réduit à cet état de faiblesse morale qu'un aussi juste chagrin produit inévitablement chez un roi, chez un père insulté, vaincu, abdiqua de nouveau. Or, dès ce jour, le droit de don Carlos, deuxième fils de Charles IV, s'est ouvert : car les couronnes héréditaires se transmettent le jour où on les quitte; elles se transmettent dans l'ordre héréditaire, sans que rien puisse les faire dévier de cet ordre. La dignité royale est trop haute, le respect dû aux nations est trop grand, pour qu'on puisse prendre, quitter, reprendre et quitter encore la couronne avec irrésolution, et suivant les exigences que, trop souvent, la trahison prend soin d'exagérer.

a protesté , dès 1850, contre l'abolition de la pragmatique, et conséquemment ne doit pas la reconnaître comme abolie ; la deuxième, que si , malgré cette protestation, son cabinet a regardé l'abolition comme valable, il fallait donc qu'il soutînt Isabelle ouvertement, car les dispositions de l'article 20 cité ne peuvent être considérées comme remplies par cette lâche demi-intervention qui a livré l'Espagne, son commerce et le nôtre aux Anglais. Cette conduite serait une dérogation à l'esprit du traité de 1761, si ce traité existait encore. Son esprit se montre évidemment dans l'article 21, d'après lequel « nulle autre puissance que celle qui serait de » la maison de Bourbon ne pourrait être admise au » traité. » Il est bien clair que les puissances contractantes avaient pour objet spécial d'écarter toutes les autres puissances de leur territoire et de leurs affaires. Il faut donc avoir perdu tout sentiment de convenance pour invoquer un traité dont, sous tous les rapports, on a méprisé et les termes et l'esprit , l'objet principal et même les vues intimes.

Quand un auteur se met ainsi en dehors des plus simples notions du droit, tout lui devient permis, et il faut bien lui laisser dire que le mariage du prince des Asturies avec Isabelle serait aujourd'hui *sans raison* (sans raison?) , *car le parti de don Carlos a succombé.* Quelle est donc cette sécurité si grande au milieu de laquelle se trouve aujourd'hui placé le trône d'Isabelle ? N'est-il pas, en effet, entouré d'une tranquillité parfaite , d'un calme profond !... La pauvre enfant, privée de sa mère ; changeant de tuteur et même de femmes au gré des ambitieux qui se la disputent ; réveillée au bruit du tocsin ; tremblante et toute en larmes aux cris des factieux dont une troupe de hallebardiers fidèles peut à peine la garantir, mais dont les balles vont cependant jusqu'à elle; isolée enfin entre les partis pour qui elle n'est rien qu'une dépouille opime, et non un objet d'amour, se trouve ainsi placée en présence d'un vaste parti qui la respecte par un sentiment inné , mais qui la regarde comme la cause, bien qu'innocente , des malheurs de tout le royaume , et surtout comme usurpatrice du trône où des ambitieux l'ont assise. On ne peut donc pas dire qu'il serait *sans raison* de lui donner pour époux le prince même que ce vaste parti appelle de ses vœux , de confondre les droits opposés, de réunir les partis ennemis; au lieu d'introduire avec un époux français un troisième parti qui , nous le redisons, serait bientôt odieux à tous ; car , d'une part , tous ont des sujets d'animadversion contre la France ; et d'autre part, le cabinet français, ne pouvant arriver à ses fins que par le consentement de l'Angleterre, l'influence anglaise triompherait nécessairement en Espagne à la suite de l'influence de juillet.

On ne peut raisonnablement donner aucune valeur aux déclamations révolutionnaires de la brochure dynastique qui redoute « qu'on mette aux prises l'esprit de modéra-
» tion et d'amélioration qui doit animer les conseils de la
» jeune reine, avec l'emportement et l'entêtement aveugle
» qui ont inspiré toute la conduite du prétendant et for-
» ment toute la politique de ceux des hommes de son
» parti sous l'influence desquels il n'a cessé d'agir. »

Ce ne sont là que de vaines paroles! A-t-on vu à l'essai le gouvernement de Charles V? Il n'a jamais régné que comme chef d'armées faisant la guerre à des sujets rebelles ; et même alors, le pays qu'il occupait, quoique nécessairement foulé par les exigences de l'état de guerre, n'a jamais fait éclater le moindre murmure et n'a cessé de lui témoigner son amour; il l'appelle encore même de tous ses vœux ; les déplorables cruautés commises pendant cette guerre (et avant l'entrée du roi en Navarre) n'ont jamais été que de funestes représailles provoquées par l'armée d'Isabelle, qui, depuis lors et tout-à-l'heure encore, montrait sa *modération* par des bombardemens. Voudrait-on nous donner comme échantillons des *améliorations* que promettent les *conseils d'Isabelle*, la destruction de toutes les franchises provinciales et les violences commises sur les communautés religieuses qu'on a chassées de leurs couvens et dépouillées de leurs biens, tandis que Charles V et son parti les honorent, et respectent toutes les coutumes diverses auxquelles chaque partie de l'Espagne est si profondément attachée? Peut-on, d'ailleurs, douter de la loyauté du roi proclamant l'amnistie? et peut-on douter qu'il ne la proclamât de lui-même le jour où il verrait son peuple reconnaître son autorité? Ah! ne faisons pas à de pareils rois une obligation de la clémence! laissons-leur le bonheur de l'exercer! laissons aux peuples le bonheur de s'enchaîner à eux par la reconnaissance au lieu de ce glacial échange de droits qu'il faut consacrer sans doute; qu'il faut, sans nul doute, assurer ou affermir par les institutions, mais pour ainsi dire à l'insu des rois et des peuples, afin que les uns et les autres, se faisant illusion eux-mêmes, puissent attribuer à des penchans réciproques ce qui n'est réellement que l'exécution du devoir! Couvrons ainsi de quelques fleurs les chagrins trop réels du commandement et la répugnance qu'inspire généralement l'obéissance.

Après avoir montré combien serait éminemment salutaire à l'Espagne et à la France l'alliance qu'offrirait le mariage d'Isabelle avec le fils aîné de Charles V, et combien serait éminemment funeste l'alliance qu'offrirait le mariage d'Isabelle avec le duc d'Aumale, nous n'hésiterons pas à dire qu'entre ces deux alliances il ne saurait même y avoir de milieu. Peut-être l'Angleterre, qui a un plus grand intérêt à écarter le duc d'Aumale, ferait-elle acheter moins chèrement à tout autre époux sa neutralité, et ce serait sans doute un bien. En même temps les idées de la révolution de juillet ne devant pas pénétrer en Espagne à la suite d'un prince étranger à cette révolution, ce serait un bien encore. Enfin ce prince, jusqu'ici étranger aux troubles de l'Espagne, ne réveillant aucun ressentiment, l'Espagne aurait quelques chances de troubles de moins.

Mais, quel qu'il soit, ce prince étranger ne peut être rien de mieux qu'indifférent à tous; il ne rattachera personne au trône d'Espagne ; il laissera aux passions toute leur violence et aux droits contraires toute leur force : l'opiniâtre fidélité des Espagnols est connue ; le caractère qu'ils ont montré contre les Maures a reparu plusieurs siècles après, soit lors de la guerre de succession, soit lors de la guerre contre Bonaparte ; il aurait reparu encore en 1823, car si un fils de France ne fût venu alors porter son épée en Espagne, une guerre interminable s'y serait allumée ; et enfin depuis 1833, nous avons vu avec quel acharnement les partis savent combattre sur ce sol qu'on peut bien appeler héroïque. La victoire n'y triomphe point, mais le droit seul ! et il n'y a pas d'exemple, en effet, que l'usurpation s'y soit fondée. Les armées de Bonaparte ont couvert l'Espagne; Murat a inondé de sang la capitale ; de terribles batailles ont eu lieu; une guerre de dévastation s'y est faite; les bandes se sont dispersées, elles ont presque disparu..... mais elles se sont formées de nouveau et, en définitive, elles ont les premières fané les lauriers de Bonaparte; vaincu, chassé les troupes les plus valeureuses, les plus aguerries du monde; et, en les poursuivant, auraient franchi les Pyrénées si, pour les retenir sur le sol de leur patrie, on ne leur avait envoyé en hâte les princes pour qui elles combattaient: Ferdinand, à qui elle doit ses malheurs actuels, et qui, ayant abdiqué, n'aurait pas dû rentrer en roi ; et son frère, aujourd'hui victime de sa modestie, coupable peut-être de n'avoir pas revendiqué son droit et d'avoir cru qu'il devait ne rien faire qui pût troubler la tranquillité de l'Espagne. Vertueuse faute ! dont maintenant nous voyons les funestes conséquences, tant il est vrai qu'en tout et toujours, il faut suivre cette sainte devise : *Fais ce que dois !*

Non, il faut le dire encore, « entre l'alliance éminem-
» ment salutaire d'Isabelle avec le fils aîné de Charles V
» et l'alliance éminemment funeste d'Isabelle avec le duc
» d'Aumale, il ne saurait y avoir de milieu. » Avec le prince des Asturies, l'immense parti qui, depuis dix ans, fait la guerre à Isabelle, viendra entourer le trône d'Espagne ; les plus dévoués sujets du roi se mêleront autour de ce trône avec les plus ardens partisans d'Isabelle, et joindront leurs vœux avec ceux du reste de l'Espagne pour une paix constante et solide. Avec le duc d'Aumale et avec tout autre prince, le parti d'Isabelle ne peut dans aucun cas avoir rien à espérer qu'un peu plus ou moins de secours extérieurs pour se soutenir au milieu des fermentations intérieures, et pour faire face à la guerre incessante que l'immense parti légitimiste alimentera en Espagne ; tandis que l'Angleterre demeurera maîtresse de donner la victoire à celui des deux partis qu'il lui plaira, et imposera ses exigences à Isabelle et au cabinet français, qui achèteront ses bonnes grâces au détriment de l'Espagne et de la France. Voilà l'alternative qui se présente ; il faut choisir entre ces deux situations extrêmes, entre la certitude de la réconciliation éternelle des partis par le mariage avec le prince des Asturies, *seul* époux qui puisse apporter la paix en Espagne, ou la certitude d'éterniser la guerre intérieure par un mariage avec le duc d'Aumale ou tout autre prince espagnol, napolitain ou français, car aucun ne peut éviter cette guerre, nul ne peut se maintenir au pouvoir sinon par le secours, au moins diplomatique, de l'Angleterre, c'est-à-dire par la ruine de l'Espagne et l'anéantissement du commerce français dans la Péninsule.

Et en effet, l'infant don Louis lui-même, le second fils

de Charles V, ne pourrait pas amener la réunion des partis : il ne saurait représenter ni entraîner le parti du roi son père dans cette réconciliation désirable et nécessaire, car il n'est point le successeur immédiat du roi; et, dans cette admirable loi de la succession héréditaire des couronnes, base immuable et toujours assurée du repos des peuples, tout ce qui n'est pas roi est soumis au roi, et devient usurpateur du vivant du roi, s'il prétend s'attribuer le pouvoir royal. L'infant don Louis serait, aux yeux des légitimistes espagnols, le mari de l'usurpatrice, et rien de plus.

Il en serait *tout de même* (car ce serait mal parler que de dire : *à plus forte raison*) il en serait tout de même si on jetait les yeux sur un des fils de don François de Paule ou sur tel autre prince que ce soit de la maison de Bourbon ou d'une autre maison. Le parti que seul peut réellement redouter Isabelle, c'est le parti légitimiste, et ce parti ne peut être entraîné à la réconciliation que par le mariage d'un seul de ses membres, seul destiné à être son chef, comme héritier immédiat du roi.

On le voit , nous avons *prouvé* jusqu'à l'évidence le contraire précisément de ce qu'a *avancé* la brochure dynastique attribuée à M. de Billing ou à M. Mignet, et dont nous ne pouvons point croire que ni l'un ni l'autre soit l'auteur, tant elle est au-dessous du mérite de tous deux.

Quoi qu'il en soit, cette brochure aura produit un bien réel , celui de conduire l'esprit public à se faire une opinion tranchée sur le mariage d'Isabelle. Les choses restées douteuses , les droits demeurés incertains ou mal connus , ne produisent que du mal. Nous l'avons dit au sujet de Ferdinand VII , qui , ayant abdiqué , n'aurait point dû reprendre la couronne (et quel bonheur pour l'Espagne !).

Il en est de même de l'opinion que l'on a si long-temps

laissé s'accréditer que Philippe V est monté sur le trône
en vertu du *testament* de Charles II ; cette absurdité a
naturellement conduit à donner force et créance au testament de Ferdinand VII, qui a prétendu abolir la pragmatique de 1713. Certes il avait, en effet, tout autant de
droit que Charles II de disposer de la couronne (si toute-
fois nous oublions que Ferdinand avait perdu, par
son abdication, le droit de régner) ; mais ce droit
n'appartenait ni à l'un ni à l'autre de ces princes ; il
n'appartient à personne de changer la transmission d'un
usufruit, et les rois ne sont qu'usufruitiers, ainsi que
Louis XIV lui-même l'a reconnu cent fois, et l'a cent fois
déclaré par la bouche de ses ambassadeurs lors des pré-
liminaires du traité d'Utrecht.

Tout de même la guerre de la succession n'aurait pas
eu lieu, si, dès long-temps, on n'avait pas laissé croire, ce
qui enfin aujourd'hui est reconnu faux, que les renonciations des rois, simples usufruitiers de leurs couronnes,
puissent jamais dépouiller leurs successeurs. (1)

C'est toujours l'oubli du droit, le mépris du droit, ou
le doute et l'incertitude qu'on a laissé imprudemment
planer sur le droit, qui causent les guerres et allument
les séditions, car on a beau dire, les hommes se rendent
à l'évidence de la justice.

Nous avons montré ailleurs comment l'application équitable de ces vérités a placé sur le trône d'Espagne la maison de Bourbon en 1700 ; comment cette application doit
être faite au droit qui régit l'ordre de succession dans les
diverses branches de cette auguste maison ; et combien elle

(1) Et ainsi, Philippe V n'a pas pu renoncer à la couronne de
France, au préjudice de ses enfans ; et il ne l'a pas même pu
en échange des droits qu'il devait leur transmettre sur la couronne d'Espagne ; car il est de règle que celui qui n'a pas qualité de vendre ou de léguer n'a pas davantage qualité d'échanger,
et que l'usufruitier ne peut pas échanger, pas plus qu'aliéner
de toute autre manière ce qui compose son usufruit.

renverse tout l'échafaudage sur lequel est établie la prétendue légitimité d'Isabelle; nous avons fait ressortir la nullité, au fond, de la prétendue ordonnance de Charles IV abolissant, en 1789, la pragmatique de 1713; nous avons fait ressortir la nullité de cette prétendue ordonnance sous le rapport de la forme aussi, car elle n'a été ni rendue avec les sanctions nécessaires, ni publiée dans les délais obligés. Nous avons fait alors ressortir pareillement la nullité, au fond, de l'ordonnance de Ferdinand VII qui a prétendu faire revivre cette ordonnance de 1789, et qui, par trois fois, est revenu sur ses résolutions sans observer aucune forme et avec un oubli des obligations royales qui atteste l'affaissement de son esprit. Nous avons fait ressortir enfin la nullité de cette ordonnance royale et en même temps la maladresse, comme aussi l'ambition ardente et irréfléchie, de ceux qui ont poussé l'audace jusqu'à lui tenir la main pour signer. Que le lecteur nous permette donc de le renvoyer à la brochure intitulée : *Des Droits directs et éventuels des Bourbons d'Espagne, de Naples et de Parme,* déposée chez Dentu, à Paris ; les événemens politiques d'Espagne en 1700 et en 1830 y sont traités de manière à répondre à toutes les objections dynastiques que l'on prétend soulever aujourd'hui.

Il devrait nous suffire d'avoir démontré, comme nous venons de le faire, qu'hormis le prince des Asturies, tout prince, fût-il Bourbon, et fût-il même comme lui fils de Charles V, ne peut apporter en Espagne, par son mariage avec Isabelle, qu'une longue série de malheurs et le germe d'une guerre intestine dont la durée serait éternelle; il devrait nous suffire d'avoir réfuté complètement la brochure dynastique à laquelle peut-être, en lui faisant l'honneur de la réfuter, on a donné plus de valeur qu'elle n'en a ; nous pourrions enfin, comme cette brochure, ne pas nous occuper de ce qu'il reste à faire pour déterminer le mariage d'Isabelle, pour faire pencher la balance en faveur d'un des princes appelés à l'épouser, ou plutôt pour arracher cette princesse aux intrigues dont elle va être plus que jamais entourée pour son malheur propre et pour le malheur de l'Espagne ; mais ce serait laisser incomplète notre discussion, ce serait la borner à une réfutation ; et ce ne serait point assez pour les hommes fidèles que toutes leurs sympathies attachent à ce malheureux et héroïque pays où deux fidélités se combattent, et dont l'une, trahie et lâchement vendue à la misère, étale parmi nous, autour de son roi, son admirable constance, faisant sous ses honorables haillons rougir la félonie resplendissante; tandis que l'autre fidélité, entourant un trône qu'elle croit légitimement occupé, se débat dans les tiraillemens des factions créées par mille ambitions diverses qui abusent d'elle.

Cet état de choses doit cesser ; il outrage la morale politique. La fidélité est en vénération chez tous les peuples, et ils doivent la garantir de l'insulte que lui font les intrigans en l'exploitant comme l'instrument de leur ambition ; ils doivent la relever des humiliations que la trahison lui a imposées. La fidélité est, comme la vertu, le domaine de tous les peuples ; tous sont intéressés à ce qu'elle soit honorée, respectée, triomphante.

Et d'ailleurs, si nous avons prouvé que la concorde doit nécessairement renaître en Espagne, ou bien la guerre s'y perpétuer, suivant le choix qui sera fait d'un époux pour Isabelle ; si nous avons prouvé qu'avec cette guerre perpétuelle, l'Angleterre doit augmenter sa richesse, et doit même augmenter sa puissance maritime au détriment d'un royaume maritime, nous avons implicitement démontré l'intérêt que toutes les puissances européennes se trouvent avoir à ce qu'Isabelle fasse un choix qui ne mette pas en danger l'équilibre européen.

La brochure dynastique, par cela même qu'elle a invoqué à plusieurs reprises le traité d'Utrecht, a reconnu l'utilité et le droit de l'intervention, au moins diplomatique, des puissances dans les affaires de la Péninsule ; et puisqu'elle reconnaît que la diplomatie a pu imposer, par le traité d'Utrecht, une dérogation au droit qui aurait réuni la couronne d'Espagne à la couronne de France, à bien plus forte raison faut-il reconnaître à la diplomatie le droit d'intervenir dans la question présente, où il ne s'agit pas de déroger à un droit, mais seulement de diriger un choix qui, de sa nature, doit toujours être dicté par des vues d'une sage politique; à bien plus forte raison enfin faut-il reconnaître aux puissances le droit d'assembler un congrès où les intérêts et les droits divers seront écoutés, où il sera tenu compte des intérêts particuliers de l'Espagne, et où l'Europe (y compris l'Espagne qu'on oublie!) portera une décision juste et suprême.

L'Europe peut-elle donc laisser à deux puissances rivales le soin exclusif de donner un époux à Isabelle ? le peut-elle surtout quand le *casus belli* a été clairement posé, de manière à ce que la guerre est devenue presque inévitable entr'elles? Qu'Isabelle épouse le duc d'Aumale, et l'Angleterre déclare la guerre à l'Espagne et à la France; qu'Isabelle épouse un prince hors de sa famille, et la France déclare la guerre à l'Espagne et à l'Angleterre. Ces deux alternatives amèneront en Espagne une lutte d'autant plus terrible que la guerre civile s'y mêlera, et elles peuvent allumer la guerre dans l'Europe entière, dont les intérêts se partageront. L'intérêt de l'Europe est donc de pacifier l'Espagne et de rendre l'Espagne indépendante de deux volontés opposées et qui lui sont également funestes, et l'Europe ne peut donc plus rester impassible à la vue de la grande question du moment. L'Angleterre ne veut exclure que le duc d'Aumale, et M. Guizot veut exclure tout prince qui n'est pas Bourbon. Que l'Europe donc s'assemble et décide. A quoi bon hésiter ? Tout ce qui est en dehors n'est plus que lâches intrigues de gens qui voudraient profiter de leurs intrigues premières; et, certes, la morale politique a intérêt à ce qu'ils ne recueillent pas ce profit dans la vue duquel ils ont été la cause ou médiate ou immédiate de tant de maux.

Cela posé, et la nécessité ainsi que la convenance d'un congrès européen étant démontrée, il reste à régler d'importans détails. Nous n'avons pas besoin de nous expliquer, nous pour qui le droit est tout, nous qui soutenons que le droit héréditaire et l'ordre de succession au trône ne peuvent recevoir d'altération que dans des circonstances dont n'a point été entourée la déclaration arbitraire et usurpatrice de Ferdinand VII. (1) Nous n'avons pas besoin de dire sur quelle tête repose en droit, selon nous, la couronne d'Espagne; ajoutons que, certes, le bourrelet qu'a porté en guise de couronne l'infante Isabelle, a constamment été si lourd, si douloureux, que ce serait assurément pour elle un bonheur réel que de jouir de ses belles années sur les marches d'un trône pacifique, avec la certitude de s'y asseoir un jour.

Et cependant d'autres qu'elle, ceux qui aujourd'hui veulent qu'elle soit majeure pour régner plus sûrement sous son nom, peuvent exalter son amour-propre d'enfant et prétendre que la tranquillité de l'Espagne doit être sacrifiée plutôt que de quitter, pour un temps, ce trône

---

(1) Voir *Des Droits directs*, etc., pages 87 et 112, où nous avons démontré que non-seulement le concours simultané du roi et des cortès était nécessaire à un acte aussi important, mais qu'en outre il fallait, pour être équitable, qu'il ne portât aucun dommage à des droits acquis; or, Philippe V, en 1713, n'était point marié, il n'avait point de sœurs. La pragmatique ne pouvait donc nuire à personne qui eût des droits ni ouverts ni éventuels. Et cette condition lui a donné essentiellement ce caractère d'équité qui est la consécration suprême de toutes les institutions et de toutes les lois.

si brûlant pour elle. Leur faux patriotisme est connu ! et
l'on sait ce qu'on doit en attendre.... Mais à côté de ces
âmes viles à force d'orgueil, il en est chez qui une juste
fierté sait, précisément parce qu'elle est naturelle et fondée, céder au bonheur de la patrie. Que l'Espagne et
l'Europe ne doutent d'elles jamais ! Il est à Bourges un
prince qui n'est inflexible que dans la défense du droit ,
parce qu'il a la conviction que le respect pour le droit
peut seul faire le bonheur des peuples. Il défendra son droit
parce qu'il a le devoir de le défendre; il défendra surtout
le droit de sa race ; mais pourvu que ce droit, qui lui est
plus cher, plus sacré que le sien même, soit reconnu, sa-
tisfait, proclamé, il saura , s'il le faut, céder à son sincère amour pour la patrie, à son sincère amour pour des
sujets fidèles , à sa tendre affection pour des fils bien-
aimés qui réunissent en eux les qualités qui font les
grands princes et les bons rois !

Et ainsi donc, que les puissances, comprenant leur véri-
table intérêt et le devoir que l'humanité leur impose, ter-
minent enfin par un congrès cette période de sang qui
ruine l'Espagne et effraie l'Europe. Tout présage aux négociations de ce congrès un succès heureux, et ce succès
peut seul être le présage de la prospérité de l'Espagne !

Lille.--Imprimerie de Cailleaux-Lecocq, rue Marais, 2.

88